L'INSURRECTION.

POÈME

DÉDIÉ

AUX PARISIENS.

PAR

BARTHÉLEMY ET MÉRY.

PRIX : 2 FR. 50 C.

PARIS

A.-J. DÉNAIN, LIBRAIRE,

RUE VIVIENNE, N. 16.

1830

IMPRIMERIE DE J. TASTU.

L'INSURRECTION.

OUVRAGES DE MM. BARTHELEMY ET MÉRY.

Poëmes et Satires.

Pour paraître prochainement.

DOUZE JOURNÉES DE LA RÉVOLUTION.

—

Imprimerie de J. Castu, rue de Vaugirard, n. 36.

C.

L'INSURRECTION.

POÈME

DÉDIÉ

AUX PARISIENS.

PAR

BARTHÉLEMY ET MÉRY.

❋

Et nunc intelligite Reges.
PSALM.

On dit que, du Conseil où la nuit les rassemble,
D'épouvantables bruits vers nous ont circulé,
Que les vagues échos de leurs murs ont parlé
D'édit, de coup d'État ou de lit de justice.....
Silence! que jamais ce mot ne retentisse;
Le pacte enfreint par eux serait rompu par nous;
Lassé depuis long-temps de marcher à genoux,
Au seul geste, au signal d'un ordre illégitime,
Ce peuple bondirait d'un élan unanime,
Et, brisant sans retour d'arbitraires pouvoirs,
Il se rappellerait le plus saint des devoirs.

(1830, *Satire politique,* par BARTHÉLEMY.)

❋

PARIS

A.-J. DÉNAIN, LIBRAIRE,

RUE VIVIENNE, N. 16.

1830

AUX PARISIENS.

Vous êtes grands comme vos pères !

Un Roi licencia votre Garde civique, votre Garde civique a licencié ce Roi.

Les étrangers qui vous ont vus, vous ont proclamés le peuple sans rival.

Vous vous êtes montrés intelligens dans l'insurrection, sublimes dans la grande bataille, généreux et calmes après le triomphe.

Ouvriers, artisans, industriels, boutiquiers, vieillards, enfans, écoliers, écrivains, riches, indigens, jeunes gens de mode et de plaisir, peuple miraculeux, la France restaurée n'aura pas assez de couronnes pour vous.

Deux Marseillais vous offrent ce poëme :

BARTHÉLEMY et MÉRY.

Paris, le 30 juillet 1830, l'an premier de notre Restauration.

1

ENFIN la liberté a eu sa restauration; trois jours ont fait le prodige, trois jours qui résument l'histoire glorieuse de notre premier affranchissement de 89. Que de 14 juillet, que de 10 août sous le même soleil! Disons-le hardiment, puisque les vieillards eux-mêmes le disent, les Parisiens se sont montrés plus héroïques qu'en aucune autre époque de leur grande histoire. Cette fois les moyens de résistance et d'oppression étaient effrayans; ce n'étaient plus Lambesc et ses Allemands, Delaunay et sa garnison d'invalides, des gardes-françaises dévouées à la nation,

1*

mais bien une garde prétorienne formée des premiers soldats du monde, des gendarmes aguer-
ris qui jouent avec les émeutes, des Suisses payés
pour tuer et gagnant loyalement le salaire du
maître, une artillerie formidable , un déploie-
ment de forces enfin , une science de tactique
urbaine qui d'ordinaire démoralise une popula-
tion et la refoule dans ses foyers. Tout cela s'est
évanoui; Paris a chassé les Prétoriens, comme
un lion les insectes, en secouant sa crinière.
Gloire éternelle à Paris !

Ils avaient bien jugé cette héroïque ville, ces
grands citoyens qui changèrent les salons du NA-
TIONAL en nouveau Jeu de Paume, devant les
Cours prévôtales et l'échafaud; leur audace civique détermina l'insurrection armée. Quand le
jour des couronnes sera venu, les noms de ces
Spartiates sera gravé sur des tables d'airain : La-
cédémone n'a rien de plus beau. Pour nous, nous

voulons que cette glorieuse liste décore le fron-
tispice de cet ouvrage, afin que grâces à elle nos
vers aient quelque avenir.

MM. Ader.	MM. Gauja.
Année.	Guyet.
Avenel.	Guizard (De).
Barbaroux.	Haussman.
Baude (.J-J.)	Jussieu (Alexis de).
Bert.	Lapelouze (V. de).
Billiard (A.)	Larreguy (F.)
Bohain (Victor).	Leroux.
Buzoni.	Levasseur.
Carrel.	Mignet.
Cauchois-Lemaire.	Moussette.
Chalas.	Peysse.
Chambolle.	Pillet (Léon).
Châtelain.	Plagnol.
Coste (Jacques).	Remuzat (Ch. de).
Dejean (B.)	Rolle.
Dubochet.	Roqueplan (Nestor).
Dumoulin (Evariste).	Sarrans (jeune).
Dupont (J.-F.)	Senty.
Dussard.	Stapfer (Albert.)
Fabre (Auguste).	Thiers.
Fazy.	Vaillant.

L'admiration n'a plus de mots quand on songe que tous ces écrivains, en sortant de leur jeu de paume, ont pris les armes, harangué les citoyens, organisé la sainte insurrection ; que plusieurs d'entre eux ont scellé de leur sang leur Épître au Peuple; que Gauja, l'un des signataires, a passé sous les fusillades du Carrousel pour planter aux Tuileries notre drapeau national.

Témoins de tant de merveilles, nous avons écrit ce Poëme sous leur inspiration ; la poésie est bien froide après un drame si vivant, et les émotions sont encore trop ferventes, pour qu'on puisse donner à une œuvre de littérature ces soins minutieux, enfans des calmes loisirs. N'importe ; nous nous sommes hâtés de payer notre dette à la circonstance, nous qui avons si souvent chanté le drapeau tricolore devant Villèle et Polignac. D'ailleurs, nous osons dire à la critique qu'un bon nombre de ces vers n'ont pas été composés dans le silence du cabinet, et que nous avions cessé d'être poëtes pour nous faire citoyens.

L'INSURRECTION.

Voici ce que disaient les courtisans prophètes[1] :
Voyez-la cette ville idolâtre des fêtes !
Comme aux jours décrépits de l'empire romain,
Dans l'ivresse du cirque où son peuple se plonge,
Chaque soir de la vie il s'endort, sans qu'il songe
A ses maîtres du lendemain.

Va, sylphe de boudoir, cueille ton jour frivole;

Au magique Opéra que ton phaéton vole

La nuit, portant au front deux phares allumés;

Vante-nous tes Delta que la cascade arrose,

Tes femmes de satin , de chair blanche et de rose,

    Et tes citoyens parfumés.

Sybarite enfantin qu'un pli de rose blesse ,

Peigne ce poil menteur que la mode te laisse,

Exhume de l'histoire un costume élégant ;

Quitte chez Tortoni ta coupe toujours pleine ,

Suis la femme qui passe avec sa douce haleine

    Sur le frais boulevard de Gand.

Quel désastre public , si l'or de la Tamise

Enlève Malibran qui leur était promise,

Si l'antique Feydeau s'écroule démoli !

Quel deuil, si la Sontag annonce un léger rhume,

Ou si, quand le jour tombe, une orageuse brume

    Éteint les feux de Tivoli !

Ainsi passe leur vie. En ses faubourgs de fange,

Que fait la plèbe vile ? Elle boit , elle mange ,

Elle exhale sa joie en de cyniques chants;

Ignobles journaliers, grotesques politiques,

On les verrait encor trembler dans leurs boutiques,

    Devant le prévôt des marchands.

Ils ne sont plus ces jours où la voix de Camille

Convoquait la révolte au pied de la Bastille ;

La rouille a dévoré la pique des faubourgs.

Tout ce peuple abruti dort d'un pénible somme ,

Et Santerre aujourd'hui, sans éveiller un homme,
Passerait avec ses tambours.

Et seul qu'aurait-il fait, ce peuple sans audace?
Eût-il senti le feu dans ses veines de glace,
Sans l'ardent Marseillais, sans le hardi Breton?
Il fallait, pour mouvoir cette inerte machine,
Pour trouver un écho dans leur faible poitrine,
Les mugissemens de Danton.

Osons tout, oublions leurs vieux anniversaires,
Déployons sans effroi des rigueurs nécessaires;
Le trône de Saint-Cloud est bâti sur le roc;
D'un brumaire royal faisons naître l'aurore :
Si Paris se levait, il tomberait encore
Devant le canon de Saint-Roch.

❀

Eh bien! ils ont osé.... Quand la lave voisine

S'apprête à secouer Agrigente et Messine,

D'abord la grande mer, par élans convulsifs,

Pousse des flots huileux sur l'algue des récifs,

De bleuâtres vapeurs s'échappent du cratère,

Et la voix d'un volcan gronde au loin sous la terre.

Tel bouillonnait Paris : les travaux et les jeux

S'arrêtent tout-à-coup sur un sol orageux[2] ;

Un peuple entier, sorti des foyers domestiques,

Ondule en murmurant sur les places publiques,

Et partout, sur les murs du splendide bazar,

De prophétiques mots menacent Balthazar.

Un cri tonne : à ce cri, les fleurs de lis brisées

Tombent en provoquant de sinistres risées[3] ;

Ce vieil écu de France, orgueilleux écriteau,

Se disperse en éclats, broyé sous le marteau,

Et l'obscur artisan, héroïque Vandale,
Arrache à nos palais l'insigne féodale.

Voyons! qui vengera la sainte royauté?
Accourez, professeurs de légitimité!
L'heure sonne; au secours des vieilles monarchies!
Arborez le panache à vos têtes blanchies;
Héroïques Lambesc, superbes Besenval[4],
Montrez-vous, c'est l'instant de monter à cheval;
Sortez du Carrousel par les hautes arcades,
Poussez vos fiers chevaux contre nos barricades,
Appelez au soutien du trône et de l'autel
Les enfans de Mechtal et de Guillaume Tell.
Ils sont venus! voyez leur livrée écarlate;
Là, dans leurs pelotons, la fusillade éclate[5];
Ici les hauts lanciers, la javeline en main,
Sur les groupes massifs labourent un chemin,

Et dans les rangs confus surgit auprès du glaive
Le chapeau galonné des licteurs de la Grève [6].

La mort nous enveloppe, entendez-vous nos cris?
Au secours! au secours! défenseurs de Paris!
Venez prendre une part dans nos combats épiques;
Vous qui sortiez jadis avec cent mille piques,
Redoutables faubourgs Saint-Antoine et Marceau,
Du vieil Hôtel-de-Ville envahissez l'arceau;
Saluez en passant l'ombre de la Bastille,
Le canon du dix-août va tonner à la grille,
Reprenez les marteaux qui brisent sur les gonds
Les lourds battans de bronze où veillent les dragons.
Et vous qui prolongez vos lignes parallèles,
Saint-Denis, Saint-Martin, grandes cités jumelles,
Venez, armez vos bras du fer des ateliers.
Tombez du Panthéon, généreux écoliers,

Quittez vos bancs; payez par votre jeune audace
La grande inscription qu'aucun maître n'efface [7];
Montrez-vous les premiers au front des combattans,
Enfans de Guttemberg opprimés si long-temps !
Gloire à vous, jeunes gens de plaisirs et de fêtes !
Quels bravos sont sortis de nos cœurs de poëtes
Quand vous avez paru dans le poudreux chemin,
Sous les habits du luxe, un fusil à la main !
Et vous dont les accens électrisent une ame [8],
Un rôle vous est dû dans ce merveilleux drame,
Artistes citoyens ! Amoncelez ici
Les sabres de Corinthe et ceux de Portici ;
Fouillez, pour soutenir notre lutte civile,
Tout, jusqu'à l'arsenal du joyeux Vaudeville.

Paris se lève en bloc ! Au signal assassin
Tout homme dans son cœur sent vibrer un tocsin;

Éternelle infamie au lâche qui s'absente !

Parmi les cris de mort de la foule croissante,

Le bois, le plomb, le fer, les cailloux anguleux

Déchirent en sifflant les uniformes bleus [9],

Débris dévastateurs, armes de la colère,

Qui jaillissent par flots du volcan populaire.

O vengeance ! déjà sur le pavé glissant

Nos ennemis français versent le premier sang ;

C'est une femme ! eh bien ! qu'on porte pour enseigne [10]

Aux yeux de tout Paris ce cadavre qui saigne ;

Lentement promené devant le drapeau noir,

Qu'il convoque le peuple aux vengeances du soir.

Oh ! si la sombre nuit, cette fois trop précoce,

Ne vient pas dans sa course arrêter le colosse,

Son gigantesque pied va broyer dans ses bonds

Ces stupides soldats, seul peuple des Bourbons !

Ah! sur Paris encor qu'un beau soleil demeure;
Qui le croirait! on dit qu'irrités contre l'heure,
De nouveaux Josués, au pied de chaque tour '',
Tiraient sur les cadrans pour arrêter le jour.
O sublime folie! Hélas! la nuit trop noire
Veut jusqu'au lendemain suspendre la victoire;
Tout finit : le pouvoir, despote caressant,
A ses pâles soutiens compte le prix du sang,
Et le peuple, à regret signant un armistice,
Demande au lendemain son soleil de justice.

Voilà Paris! quelle lugubre teinte ''
Mêle ses toits avec l'ombre des cieux!
Son triste peuple erre silencieux
En contemplant la grande ville éteinte.

Pourtant c'est l'heure où le gai carrefour

Tressaille au chant des joyeuses folies,

L'heure où le gaz sous les vitres polies

En vifs éclats doit rallumer le jour.

Le noir pavé se replie en barrière,

Tout carrefour a sa digue de pierre;

Mille Vaubans, ingénieurs nouveaux,

Ont enlacé la formidable chaine,

Et la solive aux aiguilles de chêne

Qui briseront le poitrail des chevaux.

Partout des chars renversés sur la roue,

Des tilburys nivelés en créneaux,

Des pieux grossiers que le manœuvre cloue

Au vieux blason qui dore des panneaux,

Aux troncs épais cimentés par la boue.

Au sein des murs Paris a ses remparts;

Vastes débris! le souffle populaire

A renversé, sur les frais boulevards,

Le candelabre au pied triangulaire,

Le frais tilleul et l'orme séculaire,

Qui, s'enlaçant par leurs rameaux épars,

Gissent couchés comme l'épi sur l'aire.

C'est une nuit d'insomnie et d'effroi :

Oh! qui t'a fait ces longues agonies?

Quel dieu cruel te voue aux gémonies?

Est-ce un Vandale, ô Paris?... c'est ton Roi!

Maintenant, à minuit, dans ces lugubres scènes,

Attendons pour fanal les bombes de Vincennes [13] ;

Ce Roi nous les promet; un Roi tient son serment :

Il est beau de mourir dans un embrasement.

Que la cour de Saint-Cloud monte à son capitole

Pour contempler Paris sous l'ardente coupole !

Ils ne l'ont pas osé. Respirons : le jour luit,

Le soleil semble rire à nos travaux de nuit ;

Tout le ciel est d'azur. Que la bataille immense

Sur les quais, sur les ponts, sur les toits recommence ;

L'homme que notre espoir embrassait en rêvant,

Lafayette a paru comme un drapeau vivant [1] ;

A ce nom répété sous le canon qui tonne,

Tout Paris sur les ponts se déroule en colonne ;

Le quai sonore vibre aux appels du tambour ;

En face est l'ennemi : dès la pointe du jour,

Profanant des beaux-arts la solennelle voûte,

Les Suisses ont changé le grand Louvre en redoute;

Masqués par la colonne au gigantesque fût,

Soldats d'un roi chasseur, ils guettent à l'affut

Le vieillard désarmé, qui d'une voix plaintive

Demande un fils tombé sur la sanglante rive.

Paris devant leurs feux plante ses étendards :

Par le pont de Henri, par le palais des arts,

Sur l'ardente mitraille il s'élance, et découvre

L'ombre de Charles-Neuf sur le balcon du Louvre.

Au Louvre, citoyens ! A ces cris éclatans [15]

Tout le quai resplendit du feu des combattans ;

Les chefs ont désigné ce mur criblé de balles

Où la victoire étend ses palmes triomphales,

Et docile à leur voix le peuple souverain

Monte au Louvre en brisant ses deux portes d'airain.

Il a fui l'étranger, et son pas sacrilége

Souille le Muséum que Raphaël protège;

Auguste Muséum ! sur tes larges parois,

L'histoire a suspendu les triomphes des rois ;

Mais jamais Salvator, le peintre des batailles,

D'un plus noble tableau n'illustra tes murailles.

Quel aspect ! sous le ciel de ces rosaces d'or

S'ouvre au peuple vainqueur l'immense corridor ;

Hâtez-vous, citoyens, suivez ces galeries,

C'est le pont triomphal qui mène aux Tuileries ;

Là-bas, au Carrousel, tous vos frères debout

Pointent sur le château le canon du dix-août;

C'est le Kremlin français, dernière citadelle

Où se pavane encor l'étendard infidèle.

O roi déchu, viens voir combien il est aisé

D'entrer en ton château sans l'ordre de Brézé;

Désordre merveilleux ! sublimes saturnales [16] !

Le pauvre des faubourgs commande dans tes salles,

Le soldat décoré de poussière et de sang,

Sur ton fauteuil royal s'intrônise en passant.

Monte aux toits de St-Cloud, chasse ton faux prophète;

Il ne t'a pas prédit la sanglante comète,

Ce drapeau que trente ans la Liberté soutint,

Et qui brille au château quand un règne s'éteint.

Paris a triomphé! que nos chants retentissent,

Que nos cœurs, que nos mains, que nos bouches s'unissent!

Quel songe de trois jours! quel peuple! quel réveil!

Notre étendard proscrit reluit sous le soleil;

Tout un peuple affranchi d'une si longue attente

Bat des mains, à l'aspect de l'idole flottante.

France! comment trouver un assez digne prix

Pour acquitter ta dette aux sauveurs de Paris,

Aux jeunes artilleurs transfuges de l'école,

Qui sur nos ponts en feu ressuscitaient Arcole;

A ces forts citoyens dont l'héroïque main

Signa, devant la mort, l'appel du lendemain?

Oh! que sur les frontons, les lambris et les dalles,

Subsiste à tout jamais le stigmate des balles;

Que de profanes mains tremblent de rétablir

Le mur qui s'écroula teint du sang d'un martyr;

Que les troncs effeuillés des larges promenades,

La poudre qui noircit les hautes colonnades,

Les pavés protecteurs par le temps affermis,

Que tout ait une voix contre nos ennemis!

Qu'un monument de deuil et de gloire s'élève

Au sol purifié de la hideuse Grève,

Au Louvre, aux Innocens, au nouveau Parthénon,

Lieux saints qu'ont désolé le fer et le canon [17]!

Là, dès le premier jour, sur la tombe grossière,

Une pieuse main jette un peu de poussière,

Et des femmes en deuil vont prier à genoux

Sur leurs fils immolés en combattant pour nous.

Oh! sans doute, ce sol de tant de pleurs humide,

Touche plus qu'un tombeau qui monte en pyramide;

Mais ces rubans, ces fleurs, éphémère appareil,

Tout va se dessécher sous le premier soleil;

Il faut des monumens élargis sur la base,

Que l'œil de l'étanger contemple avec extase,

Il faut qu'en traits vengeurs l'historique burin

Cisèle un sarcophage aux quatre angles d'airain;

Afin que dans mille ans quelque roi s'épouvante

S'il voit de son palais cette page vivante,

Ce grand jour où Paris, tricolore géant,

En passant sur le Louvre, y laissa le néant.

❀

Quand l'effort d'un grand peuple a détruit un empire,

Il faut qu'après la lutte il s'arrête et respire :

Dans le calme d'effroi qui succède au canon,

S'il entend près de lui retentir un grand nom,

Un nom de liberté qui rassure et console,

Il fait un piédestal à sa nouvelle idole,

Et vers des jours nouveaux pressé de rajeunir,

Il lui livre d'espoir son douteux avenir.

D'Orléans ! quand sur nous l'astre des dangers brille,

Il est temps de quitter ton sceptre de famille ;

Viens, de tous les pouvoirs le faisceau se dissout;

Dans les débris royaux ton nom seul est debout ;

Ceux même qui, depuis le foudroyant Brumaire,

Rêvaient la République, enivrante chimère,

Assourdis par l'orage après trois jours de deuil,

De ton palais désert interrogeaient le seuil.

Tu parus : aussitôt éteignant sa colère,

Le peuple salua le prince populaire.

Il te connaît ; ta vie a fait ses entretiens ;

Nos enfans dans leurs jeux ont tutoyé les tiens,

Le peuple est leur menin ; sur les bancs des colléges

Il voit Chartre et Nemours s'asseoir sans priviléges ;

Il sait que d'Orléans se mêlant au convoi,

Suivit la France en deuil à la tombe de Foy ;

Que jamais on ne vit se grouper à ta suite.

L'insidieux manteau d'un confesseur jésuite ;

Il se souvient surtout, car ces faits éclatans

Electrisent son cœur même après quarante ans,

Que la liberté sainte, à sa première aurore,

Attacha sur ton front un rayon tricolore ;

Songe que si le peuple aujourd'hui t'a fait Roi,

Le laurier de Jemmape a répondu de toi;

Qu'il n'a pas reconnu pour signe d'alliance

Ton antique lambel sur les trois lis de France ;

De tous les attributs qui parent ta maison,

Ta cocarde à ses yeux est l'unique blason ;

En voyant sur ton front sa glorieuse marque,

Ses cris ont salué le citoyen monarque ;

Les vainqueurs de Paris, avec cent mille voix,

Comme les premiers Francs t'ont mis sur le pavois,

Consacrant à jamais leur antique maxime :

LE ROI QU'UN PEUPLE NOMME EST LE SEUL LÉGITIME.

LA TRICOLORE.

✻

Voilà le drapeau tricolore,

Glorieux enfans de Paris !

Vos bras l'ont reconquis encore,

Nous le saluons de nos cris;

L'Europe tremble quand il brille

Sur le front de nos jeunes rangs,

C'est la Méduse des tyrans,

C'est le drapeau de la Bastille :

Plane sur nos soldats, astre de liberté,

Honneur au grand Paris qui t'a ressuscité !

De nos gloires long–temps flétries
Déchirons le hideux tableau;
La France a pris aux Tuileries
Sa revanche de Waterloo;
Légions de la vieille armée,
Saluez le noble étendard;
Il est jeune encor, mais plus tard
Il se ternira de fumée :
Plane sur nos soldats, astre de liberté,
Honneur au grand Paris qui t'a ressuscité !

Ton triomphe, nouvelle Sparte,
Sur ton sol restera gravé ;
Chaque lettre de notre Charte
Est écrite sur un pavé :
Si, troublant cette grande fête,
L'Europe nous jetait un roi,

Avec les tables de la loi

Que le peuple écrase sa tête.

Plane sur nos soldats, astre de liberté,

Honneur au grand Paris qui t'a ressuscité !

De notre gloire vieil emblême,

Sur la colonne il s'est placé,

Et des Bourbons le drapeau blême

Comme un spectre s'est effacé.

Les héros ciselés d'Arcole,

La Garde gravée au burin,

Suivent la spirale d'airain

Pour le revoir sur la coupole.

Plane sur nos soldats, signe de liberté,

Honneur au grand Paris qui t'a ressuscité!

Il part de la place Vendôme
De ce vol qui glaçait les rois;
Sur chaque tour, sur chaque dôme,
Ses larges plis cachent la croix.
Déployons dans l'air notre histoire
Aux yeux de nos frères lointains;
Ils liront leurs nouveaux destins
Sur ce télégraphe de gloire.
Plane sur nos soldats, astre de liberté,
Honneur au grand Paris qui t'a ressuscité!

Que notre flotte ramenée,
Noyant le signe des trois fleurs,
Sur la mer Méditerranée
Se pavoise des trois coulers;
Que les peuples semés sur l'onde,
Nos frères de tous les climats,

En les saluant sur nos mâts

Chantent la liberté du monde.

Plane sur nos soldats, astre de liberté,

Honneur au grand Paris qui t'a ressuscité !

FIN.

NOTES.

——————

' Voici ce que disaient les courtisans prophètes.

La France est une nation oublieuse des torts. Qui songe aujourd'hui à remettre en lumière les étranges prophéties, les théories menteuses d'un ministère foudroyé? Chose singulière et qu'on ne peut voir qu'à Paris! ces mêmes écrivains royalistes qui nous poursuivaient de leurs menaçantes injures, et qui bâtissaient

3*

à la royauté bigote un infaillible avenir, ont reparu sur l'horizon le lendemain de la bataille, non pas pour nous dire : « Excusez-
» nous, nous nous sommes trompés, nous reconnaissons que
» votre *poignée de factieux* se compose d'un million d'hommes, »
mais pour faire de nouvelles prédictions, de nouvelles menaces, de nouvelles théories signées des mêmes noms qu'auparavant ! Un exemple pris entre mille : il est emprunté à une feuille absolutiste du 27 juillet.

« La royauté a parlé, tout va rentrer dans l'ordre. Il n'y aura
» point de résistance, ou sur-le-champ elle sera comprimée et
» punie. On va voir ce que valent, réduits à eux-mêmes, cette
» poignée de factieux qui se disaient les organes et se croyaient
» les maîtres de la France. Les honnêtes gens qui ont pu les
» craindre seront bien honteux de la peur que leur ont inspirée
» de tels ennemis. »

Il semble qu'après avoir écrit de telles phrases, on doit renoncer à tout crédit, briser sa plume, et se cacher de honte; point! on rouvre ses bureaux monarchiques et l'on perçoit des abonnemens, et l'on trouve encore des vieillards dupes qui consentent à payer par trimestre tous ces prophètes menteurs. Qu'ils s'inclinent tous de respect devant le bon sens de ce peuple qu'ils ont tant calomnié! Que s'étaient-ils prédit à eux-mêmes cent fois, le cas d'une révolution échéant? la proscription ou l'échafaud. Eh bien! ils font eux-mêmes la censure de leurs prophéties, en re-

prenant leurs siéges de rédaction. Ils le connaissaient donc bien
ce peuple, ce peuple fort qui protège même ceux qui l'ont insulté
pendant quinze ans!

ª S'arrêtent tout-à-coup sur un sol orageux.

La révolution de 89 commença chez le marchand de papier
Réveillon; celle de 1830 a pris naissance au Palais-Royal, devant
la boutique de M. le marquis de Chabannes. Ce gentilhomme
avait établi le bureau de rédaction de son étrange journal dans la
galerie d'Orléans; il y avait foule le 26 au soir, devant son vitrage
chargé de quatrains anti-ministériels; les gendarmes tentèrent de
dissiper cet attroupement; l'attroupement dissipa les gendarmes.
Arriva une patrouille de la garde; elle se promena muette et
riante dans le jardin, au milieu des huées de la foule. Le tambour
de retraite battit, on ferma les grilles avant l'heure, mais la fer-
mentation continua sous les galeries; des groupes nombreux se
formèrent : les cris *à bas les ministres!* se firent entendre; un jeune
homme monta sur un banc, et cria : *Chez Polignac! chez Polignac!* A l'instant le Palais-Royal fut évacué. La foule se précipita
vers l'hôtel du ministre, ses vitres furent cassées devant la senti-
nelle : c'était la préface du grand ouvrage, le petit prélude d'un
grand lendemain.

³ Tombent en provoquant de publiques risées.

Nous ne nous sommes pas rigoureusement asservis à l'ordre historique des faits, c'est un privilége de poëte.

La dévastation des armoiries royales eut lieu le 28 ; ce tableau fut comme une pièce gaie entre deux tragédies. Il était six heures du matin, le temps était magnifique, toutes les figures riaient; à ce moment du jour où Paris est désert, rien n'était plus curieux que de voir cette ondulation de foule vivante, on aurait dit une fête de l'aurore. Tout-à-coup, dans la rue neuve des Petits-Champs, un écusson royal est abattu; ce fut le signal de la destruction; dans les rues Vivienne, Richelieu, Montmartre, les marchands brevetés s'exécutèrent de la meilleure grâce; à chaque chute des fleurs proscrites, le peuple riait et battait des mains; aucune ombre d'opposition ne se manifestait, les agens de la police s'étaient évanouis; les Suisses buvaient dans leurs casernes, les gendarmes se cachaient pour la première fois de leur vagabonde vie; les braves troupes de ligne, postées au corps-de-garde, étaient mornes, leurs chefs soucieux : ils étaient peuple déjà.

Les stupides courtisans ne cessaient de rappeler à leur roi ces mémorables charges du prince de Lambesc, qui dissipèrent en 89 le premier attroupement; ils disaient toujours que la première révolution n'aurait pas eu lieu si le roi eût fait marcher sur Paris les vingt mille hommes de Besenval et les dragons de Bouillé. Entichés de ces belles idées de stratégie contre-révolutionnaire, MM. Cottu, Madrolle, Coniam accablaient de mémoires un roi peu liseur, pour le forcer *à monter à cheval*. Le roi ne monta pas à cheval; mais, par un beau dimanche de juillet, il mit l'épée à la main et défila devant un régiment de sa garde. L'explosion de joie royaliste fut accablante pour nous; M. Cottu s'embrasa; de là à son cheval il n'y avait qu'un pas, la monarchie était sauvée, le libéralisme vaincu.

Maintenant qu'ils soient tous sans regrets, non-seulement pour les vingt mille hommes de Besenval et les dragons de Bouillé, mais encore pour tout autre moyen d'oppression militaire qu'aurait pu employer Charles X. Ils se sont enfin convaincus que tous les dragons du monde, tous les Suisses des treize Cantons trouveraient dans Paris des pavés pour cénotaphes et une terre pour les dévorer.

¹ Là dans leurs pelotons la fusillade éclate.

Les Suisses ont fait feu les premiers sur la place du Palais-Royal, c'était dans l'ordre et dans leur métier. Ce fut aussi un bonheur pour nous ; il faut avoir vu quelle indignation brûla les Parisiens, quand ils se virent fusiller, dans leur sainte ville, par des esclaves venus du lac Léman. Honneur ! honneur ! honneur ! aujourd'hui et dans les siècles ! à cet héroïque officier du 5ᵉ, qui le premier oublia de prétendus devoirs à force d'honneur ! Que son nom soit gravé sur l'airain, que son épée brisée devienne un monument national!

Ce grand exemple, si généreusement suivi, nous fit notre victoire plus facile, et nous épargna bien du sang.

Nous devons consigner dans ces notes, non pas ce qu'on nous a dit, mais ce que nous avons vu. Ce qui suit est si honorable pour le brave 53ᵉ, que nous croyons devoir le rapporter. Qu'on nous pardonne de nous mettre en scène un instant.

Le 28, à trois heures, la tyrannie déploya, sur tous les points, de vigoureuses attaques. Un bataillon de la garde nationale venait de se former comme par enchantement dans la rue Croix-des-Petits-Champs et sur la place des Victoires, la foule était ivre de joie; on croyait tout fini; le bataillon descendit vers la rue Saint-Honoré.

Nous étions entrés dans une maison voisine pour prendre quelque repos, et nous nous félicitions des succès des Parisiens, lorsqu'une épouvantable fusillade éclata sur la rue Croix-des-Petits-Champs; aux feux de pelotons savamment nourris, nous présumâmes que c'était un régiment de la garde qui venait de déboucher par la rue Baillif. Nous descendîmes dans la rue Coquillière; la fumée était si épaisse, qu'il était impossible de rien distinguer à dix pas. Le feu cessa subitement, et notre cœur fut brisé lorsque nous reconnûmes ces troupes de ligne sur lesquelles nous avions fondé tantôt de si belles espérances. Sur les bancs placés aux deux angles de la rue, des soldats s'étaient assis et ils fumaient tranquillement. Voici quelle était leur conversation :

« Gredin de métier, j'ai envie d'envoyer le fusil au diable.

— Ai-je joué de malheur, moi! on m'avait consigné au quartier ce matin; ils pouvaient bien m'y laisser trois jours encore; ça m'aurait arrangé.

— Ah! ça, ils ont beau dire les autres, on ne peut pas tirer sur les bourgeois comme ça, faut être des sans entrailles.

— Si ça dure, moi je f.... mon camp, je ne me suis pas engagé pour ça. »

Chacun de ces propos si contraires à la discipline était accueilli par les signes affirmatifs des soldats groupés autour des interlocuteurs. Nous nous hasardâmes alors à leur demander pourquoi, avec de tels sentimens, qui paraissaient être aussi ceux de tous leurs camarades, ils avaient consenti tantôt à fusiller les bourgeois? Cette demande fit éclater sur ces mâles figures des sourires d'une ineffable expression. Un sergent nous dit : « Messieurs, prenez la peine de tourner le coin de la rue et de compter vos morts. »

La rue était pure de sang dans toute sa largeur; ces braves gens avaient tiré en l'air.

6 Le chapeau galonné des licteurs de la Grève.

Les gendarmes, engagés le premier jour dans la rue Saint-Honoré, et fort maltraités par les ouvriers imprimeurs, comprirent, avec ce bon sens qui les caractérise, que cette fois il ne s'agissait pas d'une petite émeute badine qu'on apaise avec le poitrail des stupides chevaux: ils n'ont pas tardé de s'éclipser, comme des acteurs engagés pour un rôle, qui ne veulent pas jouer hors de leur emploi. Aujourd'hui, ce n'est pas le peuple, c'est la gendarmerie qui a donné sa démission.

7 La grande inscription qu'aucun maître n'efface.

Braves étudians des deux écoles, vous ne pouviez manquer à cette fête ! Ils se sont couverts de gloire à la bataille de la Grève, sur la place du Louvre et le Carrousel ; plusieurs sont tombés ; leurs extraits mortuaires sont des titres de noblesse pour tous.

La veille , M. Guernon de Ranville essayait de flétrir ces héroïques écoles avec cette ordonnance :

UNIVERSITÉ DE FRANCE.

CONSEIL ROYAL DE L'INSTRUCTION PUBLIQUE.

Le Conseil royal de l'instruction publique , informé que quelques étudians paraissent se disposer à prendre part à des rassemblemens qui peuvent compromettre le bon ordre et la tranquillité publique ;

Voulant éviter aux jeunes gens les suites fâcheuses qui résulteraient nécessairement des désordres auxquels ces rassemblemens illégaux auraient donné lieu, et des peines de discipline que l'autorité universitaire se verrait forcée de prononcer contre les délinquans ,

Rappelle aux étudians de toutes les écoles de l'Université, dans l'intérêt de leurs études, de leur avenir et de leurs familles, les articles qui suivent :

Ordonnance du 5 juillet 1820.

« Art. 18. Tout étudiant convaincu d'avoir, hors des écoles, excité des troubles ou pris part à des désordres publics ou à des rassemblemens illégaux, pourra, par mesure de discipline et à l'effet de prévenir les désordres que sa présence pourrait occasioner dans les écoles, et suivant la gravité des cas, être privé de deux inscriptions au moins et de quatre au plus, ou exclus des cours de la Faculté ou de l'Académie, dans le ressort de laquelle la faute aura été commise, pour six mois au moins ou pour deux ans au plus. Ces punitions devront être prononcées par le conseil académique. Dans le cas d'exclusion, l'étudiant exclus pourra se pourvoir devant la commission de l'instruction publique, qui y statuera définitivement.

» Art. 19. En cas de récidive, il pourra être exclus de toutes les Académies, pour le même temps de six mois au moins et de deux ans au plus. L'exclusion de toutes les Académies ne pourra être prononcée que par la commission de l'instruction publique, à laquelle l'instruction de l'affaire sera renvoyée par le conseil aca-

démique. L'étudiant pourra se pourvoir contre le jugement devant notre conseil-d'état.

» Art. 20. Il est défendu aux étudians, soit d'une Faculté soit
de diverses Facultés de différens ordres, de former entre eux aucune association, sans en avoir obtenu la permission des autori-
tés locales, et en avoir donné connaissance au recteur de l'Académie ou des Académies dans lesquelles ils étudient. Il leur est
pareillement défendu d'agir ou d'écrire en nom collectif, comme
s'ils formaient une corporation ou association légalement re-
connue.

» En cas de contravention aux dispositions précédentes, il sera
instruit contre les contrevenans par les conseils académiques, et
il pourra être prononcé les punitions déterminées par les articles 19 et 20, en se conformant à tout ce qui est prescrit par ces
mêmes articles. »

Ordonnance du 2 février 1828.

« Art. 36. Il y aura lieu, selon la gravité des cas, à prononcer
l'exclusion, à temps ou pour toujours, de la Faculté, de l'Académie, ou de toutes les Académies du royaume, contre l'étudiant
qui aurait, par ses discours ou par ses actes, outragé la religion,
les mœurs ou le gouvernement; qui aurait pris une part active à

des désordres, soit dans l'intérieur de l'école, soit au-dehors, ou qui aurait tenu une conduite notoirement scandaleuse. »

Fait et délibéré en conseil, le 27 juillet 1830.

Le ministre des affaires ecclésiastiques et de l'instruction publique, grand-maître de l'Université,

Comte DE GUERNON-RANVILLE.

Pour le conseiller secrétaire du conseil,

DELVINCOURT.

¤ Et vous dont les accens électrisent une ame.

Les acteurs des théâtres de Paris ont payé leur dette à la patrie; on a vu, sur les champs de bataille du 29, bien des armes qui jusqu'alors n'avaient brillé que dans les pacifiques combats de la scène. M. Arago, directeur du Vaudeville, et les acteurs du grand cirque Franconi, ont fait eux-mêmes une distribution des armes du théâtre; leur zèle et leur courage ont été couverts d'applaudissemens.

⁹ Déchirent en sifflant les uniformes bleus.

Le *furor arma ministrat* de Virgile a reçu sa parfaite applica-
tion ; mais le *si forte virum quem conspexere, silent* a été en défaut.
Un général essaya de jouer ce rôle, mais il battit promptement en
retraite, parce que la foule ne s'apaisait pas.

¹⁰ C'est une femme ! eh bien ! qu'on porte pour enseigne.

Cette première et touchante victime de notre révolution fut
portée en triomphe sur la place des Victoires, et déposée devant
la grille de la statue équestre. Ce sang de femme fut fécond ; les
cris de *vengeance ! vengeance !* retentirent de toutes parts. Le cadavre fut ensuite promené dans les rues, sous un drapeau noir. Ce
signe d'extermination, de duel à mort entre l'absolutisme et le
peuple, flotta bientôt sur tous les groupes. C'était le précurseur
du drapeau tricolore.

¹¹ De nouveaux Josués irrités contre l'heure.

C'est un trait unique dans l'histoire d'une insurrection ; c'est le seul acte de vandalisme exercé par le peuple contre les monumens publics, et quel vandalisme ! qu'il exprime bien la situation des esprits au 28 au soir ! avec quelle rage on regardait tomber l'ombre, et l'impassible aiguille marcher vers la nuit comme dans les jours ordinaires ! Ce qu'il y a de plus singulier dans cet épisode, c'est qu'on a pu le remarquer à la même heure, dans différens quartiers ; ce ne fut pas une idée isolée, un caprice d'exception, mais un sentiment à peu près général.

¹² Voilà Paris, quelle lugubre teinte !

A neuf heures du soir, par une belle nuit d'été, Paris sans réverbères, sans boutiques, sans gaz, sans voitures, offrait un tableau unique de désolation. A minuit, avec ses pavés amoncelés, ses barricades, ses murs en ruines, ses mille voitures échouées sur la boue, ses boulevards dévastés, ses rues noires désertes, Paris ne ressemblait à rien de connu ; Thèbes et Herculanum sont moins tristes : pas un retentissement, pas une ombre, pas un vivant, hormis l'ouvrier immobile qui gardait la barricade avec son fusil et ses pistolets. Pour cadre à tout cela, le sang de la veille et l'incertitude du lendemain.

¹³ Attendons pour fanal les bombes de Vincennes.

Qu'il était digne d'eux, ce dernier effort! bombarder Paris pour sauver la cour! Heureusement, les braves artilleurs de Vincennes, si Français, si nationaux, se seraient révoltés d'indignation contre *l'ultimatum* de Saint-Cloud.

¹⁴ Lafayette a paru comme un drapeau vivant.

Ce nom produisit un effet électrique; quand les Parisiens revirent ce grand homme à leur tête, ils ne doutèrent plus de l'heureuse issue du combat.

Un ami qui nous fut bien cher à nous et à tous les gens de lettres, Alphonse Rabbe, mort sans avoir révélé toute la portée de son génie, disait souvent, en parlant de Lafayette : *Le héros des deux mondes sera le héros de deux révolutions.*

4

¹⁵ Au Louvre, citoyens! . . . .

C'était l'inscription crayonnée en blanc sur les panneaux fermés de mille boutiques. Le détachement qui se porta sur le Louvre par les rues Montmartre, du Mail et Croix-des-Petits-Champs, était commandé par les héroïques enfans de l'Ecole Polytechnique. Les dames, sur les balcons, agitaient leurs mouchoirs et les saluaient des cris de *vive l'école polytechnique !*

¹⁶ . . . . Sublimes saturnales!

Les Tuileries prises d'assaut, le peuple se précipita dans ce repaire de la tyrannie. Rien ne fut pillé, hors quelques marabouts qui servirent d'aigrettes aux chapeaux des ouvriers. Chaque vainqueur s'assit un instant sur le trône : c'était une fantaisie bien excusable dans ce grand jour.

¹⁷ Lieux saints que désola le fer et le canon.

Ces monumens populaires élevés au Louvre et sur le marché

des Innocens, arrachent les larmes. Qu'y a-t-il? Rien, quelques bougies allumées, des rosettes tricolores, et cette inscription sur papier : *Morts pour la liberté!* Le cœur se serre, on tombe à genoux, on pleure avec les familles en deuil, avec les jeunes filles qui jettent sur la fosse des fleurs et des couronnes.

Le 29 au soir nous allions à l'Hôtel-de-Ville ; la foule, dans la rue Saint-Honoré, s'était arrêtée et barrait le passage ; vingt jeunes gens, tête nue, et marchant avec lenteur, portaient un cadavre recouvert d'un suaire sanglant. On lisait sur l'inscription :

POTTIN MORT POUR LA LIBERTÉ, LE 29 JUILLET 1830.

Tous les passans ôtaient leurs chapeaux, s'inclinaient en silence et pleuraient. C'était quelque chose de sublime à voir que ce peuple héroïque pleurant un frère mort, agenouillé sur les barricades, au milieu des vestiges fumans d'une grande dévastation.

FIN DES NOTES.

www.ingramcontent.com/pod-product-compliance
Lightning Source LLC
LaVergne TN
LVHW022148080426
835511LV00008B/1330